RÉPUBLIQUE FRANÇAISE.

MINISTÈRE DE LA GUERRE.

RÈGLEMENT

DU 12 SEPTEMBRE 1892

SUR LE

SERVICE DES FOURRAGES

DANS LES

BRIGADES DE GENDARMERIE

STATIONNÉES DANS LES LOCALITÉS AUTRES QUE LES PLACES
DE GARNISON

(Suivie des Instructions et du Cahier des charges de la même date.)

PARIS | LIMOGES
11, Place Saint-André-des-Arts. | 46, Nouvelle route d'Aixe, 46.

IMPRIMERIE ET LIBRAIRIE MILITAIRES

Henri CHARLES-LAVAUZELLE

ÉDITEUR.

1892

RÈGLEMENT

DU 12 SEPTEMBRE 1892

SUR LE

SERVICE DES FOURRAGES

DANS LES

BRIGADES DE GENDARMERIE

Stationnées en dehors des places de garnison.

Art. 1er. Il est créé dans chaque compagnie de gendarmerie une masse dite *de fourrages*, destinée à pourvoir, suivant les règles indiquées ci-après, à toutes les dépenses nécessaires pour assurer la nourriture des chevaux des brigades stationnées en dehors des places de garnison, ainsi qu'aux frais occasionnés par l'achat des registres et des imprimés nécessaires à l'exécution du service. La masse supporte également les frais de publicité (affiches, insertions) des adjudications.

Art. 2. La masse de fourrages est alimentée au moyen d'une prime journalière fixée d'après le prix moyen des marchés passés pour l'ensemble des brigades externes du département.

Art. 3. La masse de fourrages fait encore recette :

1° Des allocations faites par le Ministre en remboursement des pertes subies par cas de force majeure ;

2° Du montant des imputations pour manquants infligées aux fournisseurs, conformément aux dispositions du cahier des charges ;

3° De la bonification des marchés passés au défaut du fournisseur.

Art. 4. La masse de fourrages paie à l'entrepreneur sortant la valeur des approvisionnements laissés en fin de marché.

Elle fait recette de la valeur des approvisionnements cédés à l'entrepreneur entrant.

Art. 5. Les primes journalières sont perçues pour toutes les journées de présence de cheval.

Art. 6. Le Ministre détermine annuellement, et par compagnie, les primes journalières sur les propositions des généraux commandant les corps d'armée.

Art. 7. La masse de fourrages est payée au corps par mois et à terme échu.

Le montant du décompte fait l'objet d'un article particulier sur l'état de payement de la solde des officiers.

Art. 8. Les prestations du service des fourrages sont décomptées et régularisées d'après les règles posées dans le règlement sur le service de la solde.

Art. 9. Les compagnies passent des marchés annuels pour la fourniture périodique, au fur et à mesure des besoins, des denrées ou, à leur gré, de chaque espèce de denrées, livrables dans les casernes occupées par les brigades.

Ces marchés sont passés pour chaque brigade de gendarmerie, par voie de concours, soit dans chaque brigade, soit au chef-lieu du département, selon que décidera le conseil d'administration, qui peut, en outre, déléguer des officiers à cet effet.

Les prix-limites sont fixés par le directeur du service de l'intendance.

Art. 10. Les marchés sont passés pour une période de un an du 1er novembre au 31 octobre, avec faculté pour la compagnie de les proroger, en une ou plusieurs fois, pour un laps de temps qui ne peut dépasser un mois.

Art. 11. Les conditions du service à entreprendre sont réglées par un cahier des charges spécial arrêté par le Ministre.

Art. 12. Le conseil d'administration de la compagnie exerce une surveillance constante sur l'exécution, par le fournisseur, des diverses dispositions du cahier des charges.

Art. 13. Le commandant de la compagnie est responsable, vis-à-vis du commandement, de la manière dont s'exécute le service des fourrages dans toutes les brigades de sa compagnie.

Il surveille, d'une façon générale, les diverses parties du service. Il s'assure que les commandants des brigades règlent judicieusement l'alimentation des chevaux dans les limites fixées par le commandement, de façon à les maintenir constamment en bon état. Il donne à cet égard tous les ordres nécessaires.

Le chef de brigade a la même responsabilité et les mêmes obligations pour la brigade qu'il commande.

Le conseil d'administration de la compagnie est pécuniairement responsable envers l'État pour tout ce qui concerne la gestion du service.

Art. 14. En principe, l'alimentation journalière des chevaux est fixée par les tarifs en vigueur. Toutefois, les commandants de brigades sont autorisés à faire telles modifications ou substitutions qu'ils croiront utiles en raison de la santé des chevaux. Ils soumettront, à cet égard, leurs propositions au commandant de la compagnie.

Dans le cas où l'entrepreneur n'est pas tenu d'assurer le service des substitutions, celles-ci sont effectuées par le chef de brigade qui achète directement les denrées nécessaires au compte de la masse, et dans la limite du crédit déterminé par le commandant de la compagnie d'après la situation de la masse des fourrages.

Art. 15. Le conseil d'administration établit un compte annuel de la masse des fourrages dans la forme du modèle n° 1 annexé au présent règlement.

Ce compte est transmis à l'administration centrale dans le courant des deux premiers mois de l'année qui suit l'exercice qu'il concerne.

Art. 16. Le registre des entrées et sorties est conforme au modèle n° 2.

Il est tenu par espèce de denrées.

Il est balancé à la fin de chaque trimestre.

Art. 17. Les fonctionnaires de l'intendance ou leurs suppléants exercent la surveillance administrative sur l'exécution du service des fourrages dans les brigades.

Ils vérifient les comptabilités.

Fait à Paris, le 12 septembre 1892.

Le Ministre de la guerre,
C. DE FREYCINET.

Modèle Nº 1.

^e CORPS D'ARMÉE.

—

^e LÉGION DE GENDARMERIE.

—

COMPAGNIE D

—

COMPTE ANNUEL DE LA MASSE DES FOURRAGES.

—

EXERCICE 189 .

NATURE DES OPÉRATIONS.	DOIT.	AVOIR.
Excédent de l'approvisionnement au 1er		
Achat de denrées.........		
Déchets constatés pendant l'année .... { 1er trimestre.... 2e — .... 3e — .... 4e —		
Montant des primes.... { 1er trimestre.... 2e — .... 3e — .... 4e —		
Excédents constatés pendant l'année...... { 1er trimestre.... 2e — .... 3e — .... 4e —		
Valeur de l'excédent de l'approvisionnement au dernier jour de l'année.........................		
TOTAUX.............		
Report du débit		
Avoir *ou* débit au dernier jour de l'année........		
Report de l'avoir *ou* du débit au premier jour		
Avoir *ou* débit au 189		

Vu :   A   , le   189

Le Sous-Intendant militaire,   *Les Membres du conseil d'administration,*

Modèle N° 2.

GENDARMERIE NATIONALE.

᷄ LÉGION.

Désignation { de la Compagnie :

---

de la Brigade :

REGISTRE DES ENTRÉES ET DES SORTIES
DE DENRÉES FOURRAGÈRES ET DE DENRÉES DE SUBSTITUTION.

Entrées : Du folio　　　au folio

Sorties : Du folio　　　au folio

Le présent registre, contenant　　　feuillets, a été coté et paraphé par nous, Sous-Intendant militaire.

A　　　, le　　　189 .

Le Sous-Intendant militaire,

ENTRÉES.

DATES des RÉCEPTIONS.	NOMS DES FOURNISSEURS.	DÉSIGNATION DES DENRÉES REÇUES.				DÉCOMPTE.			
		Foin à f. le quintal.	Paille à f. le quintal.	Avoine à f. le quintal.	f. le quintal.	Foin.	Paille.	Avoine.	Total par nature d'opération.
	Existant au 1er jour du trimestre. { Approvisionnement à entretenir (pour mémoire)......								
	Excédent d'approvisionnement au 1er jour du trimestre......................								
	Reçu de M.								
	Excédent constaté pendant le trimestre...								
Totaux des entrées y compris l'excédent du 1er jour...									
Report du total des sorties........................									
Excédent d'approvisionnement au dernier jour du trimestre........................									

SORTIES.

DATES des SORTIES.	NATURE DES SORTIES.	NOMBRE DE RATIONS EN								DÉCOMPTE.			
		Foin.		Paille.		Avoine.				Foin à f. le quintal.	Paille à f. le quintal.	Avoine à f. le quintal.	Total par nature d'opération.
		à kilogr.	à kilogr.	à kilogr.	à kilogr.	à kilogr.	à kilogr.	à kilogr.	à kilogr.				
	Distributions												
Totaux des rations.................													
Conversion en quintaux...............													
Total par nature de denrée...............													
Déficits constatés pendant le trimestre....													
Total des sorties.....................													

INSTRUCTIONS

DU 12 SEPTEMBRE 1892

POUR LA MISE EN ADJUDICATION DES ENTREPRISES DE

FOURNITURE DE FOURRAGES

A LA RATION

POUR L'ANNÉE 1892-1893

Messieurs, j'ai l'honneur de vous informer que sous la date de ce jour, j'ai décidé que les marchés actuels de fourrages à la ration seraient prorogés d'un mois, du 1er au 30 novembre prochain, et que les entreprises de fournitures de fourrages à la ration à effectuer du 1er décembre 1892 au 31 octobre 1893 seraient mises en adjudication dans les conditions indiquées ci-après :

En exécution de ma décision du 20 mai dernier, le système de fourniture de fourrages expérimenté dans les 4e, 5e, 9e, 10e, 11e et 18e corps (marchés distincts par place de garnison et par brigade de gendarmerie) sera étendu sur tout le territoire.

Toutefois, en raison des conditions désavantageuses de la récolte, de nature à mettre obstacle à la réalisation de cette mesure dans certaines régions, et de la situation particulière dans laquelle se trouvent quelques contrées sous le rapport de la culture, j'ai décidé qu'il sera fait exception, cette année, dans les circonscriptions indiquées ci-après, dans lesquelles les adjudications auront lieu comme par le passé, par arrondissement de fourniture, savoir :

Départements du Nord, du Pas-de-Calais, de la Seine-Inférieure, de l'Eure, du Calvados, de l'Aube, de la Marne, des Ardennes, de la Meuse, de la Meurthe-et-Moselle, des Vosges, de l'Ain, du

Cher, de la Nièvre, de Saône-et-Loire, des Basses-Alpes, des Alpes-Maritimes, de l'Hérault, de la Lozère, de l'Aude.

AVIS AU PUBLIC.

Les entreprises de fournitures dont il s'agit, à effectuer du 1er décembre 1892 au 31 octobre 1893, seront mises en adjudication dans les localités et aux dates indiquées dans l'Avis au public.

INSTRUCTION.

Ces opérations seront réglées par l'instruction du 31 juillet 1889, complétée par la note ministérielle du 11 février 1891 (faillis concordataires). Toutefois, pour l'application des dispositions du titre III de cette instruction, toutes les déclarations des personnes désireuses de soumissionner, ainsi que les pièces exigibles en vertu de l'article 17 (à l'exception de la déclaration spécifiée au paragraphe 5°, qui ne devra pas être produite), seront adressées au sous-intendant militaire chargé du service des subsistances militaires au chef-lieu du corps d'armée. A ce fonctionnaire incombera le soin de recueillir et de centraliser les renseignements dont il est parlé au dernier alinéa de l'article 20, et il appartiendra à la commission du chef-lieu, constituée comme il est dit à l'article 22, de statuer sur l'admission ou sur la non-admission des candidats aux adjudications pour toute la région du corps d'armée.

En vue de faciliter l'examen des demandes d'admission, un tableau des entrepreneurs en exercice est joint à la présente instruction.

Le même fonctionnaire notifiera aux intéressés les décisions de la commission, avec invitation de s'adresser aux sous-intendants militaires, membres techniques des commissions locales d'adjudication, pour obtenir les renseignements spéciaux à chaque place ou arrondissement de fourniture.

En même temps, le sous-intendant du chef-lieu notifiera, auxdits membres techniques des commissions locales, au moyen d'une copie du procès-verbal de la séance préparatoire, la liste des candidats admis et de ceux qui ont été l'objet d'une mesure d'exclusion.

Les candidats admis pourront soumissionner pour toutes les places ou arrondisssements de fourniture à l'intérieur, même en dehors du corps d'armée où leur demande aura été examinée. Ces soumissionnaire devront toutefois faire la preuve, en séance d'adjudication, de leur admission dans un autre corps d'armée. Les sous-intendants militaires, membres techniques des commissions d'adjudication, délivreront aux personnes admises à concourir, qui leur en feront la demande, un extrait de l'état de renseignements en ce qui concerne la place ou l'arrondissement de fourniture et une formule de marché. Ils leur indiqueront en même temps : 1° le montant et le mode de constitution du cautionnement provisoire à réaliser avant l'adjudication, lequel sera calculé à raison de 10 francs par cheval de l'effectif de base prévu au marché ; 2° la manière de présenter les offres de fourniture, d'après la formule de marché, mais sur papier timbré, suivant les prescriptions de l'article 6 de l'instruction, et les préviendront que les soumissions peuvent être rejetées pour exagération des prix soit en hausse, soit en baisse.

L'importance des approvisionnements prévus aux cahiers des charges doit être calculée comme il suit, savoir :

a) Prendre les nécessaires fixés par le tableau A pour l'ensemble des approvisionnements de réserve, déduction faite de l'approvisionnement des vingt jours.

b) Comparer l'approvisionnement des vingt jours à celui du service courant réduit à trente jours pour les villes ouvertes, à quarante jours pour les places fortes, et ne prendre que l'approvisionnement le plus élevé des deux.

c) Ajouter ce dernier chiffre à celui du § *a*, puis augmenter le total obtenu des quantités nécessaires pour que le jeu des réceptions ne puisse jamais faire descendre au-dessous de ce total les approvisionnements en magasin.

d) Arrêter ainsi et indiquer à l'entrepreneur l'approvisionnement à entretenir.

Le directeur du service de l'intendance peut, après approbation du général commandant le corps d'armée, réduire les quantités à entretenir dans certaines places ou dans certains arrondissements de fournitures.

e) Ne rien changer à l'importance des livraisons aux brigades de gendarmerie (trente jours pour le foin et la paille et soixante jours pour l'avoine, s'il n'a pas été constitué d'approvisionnements spéciaux pour les chevaux de réquisition; trente jours d'avoine dans le cas contraire).

Déterminer, suivant les besoins, les quantités de foin et de paille à faire presser, soit pour trouver place dans les locaux du service, soit pour faciliter les transports stratégiques.

Indiquer, conformément au nota de l'état de renseignements, les quantités d'approvisionnements à reprendre de l'entrepreneur sortant.

CAHIER DES CHARGES.

Le cahier des charges général continuera à régir les marchés à passer dans les circonscriptions où le mode d'adjudication par arrondissements de fourniture est maintenu.

Ce document a toutefois reçu certaines modifications, savoir :

Art. 2. Supprimé la faculté laissée à l'administration de faire assurer le service des troupes aux manœuvres, dans les camps ou dans les garnisons nouvelles.

Art. 3. Complété par une clause imposant aux entrepreneurs l'obligation d'assurer la conservation des approvisionnements. (Exécution de la circulaire ministérielle du 27 octobre 1891.)

Art. 5. Complété par une clause relative à l'exclusion des avoines exotiques, sauf dans le gouvernement de Paris, les 15e et 18e corps d'armée.

Art. 6. Modifié en ce qui concerne les prérogatives des sous-intendants militaires membres des commissions de vérification.

Art. 7. Complété par une indication relative à la livraison des fourrages non rationnés. Cette mesure n'est pas applicable aux livraisons à faire aux dépôts de remonte ou de transition.

Art. 10. Complété par une clause limitant l'importance des prélèvements qui peuvent être faits dans les magasins des entrepreneurs.

Art. 17. Modifié par une clause déterminant l'augmentation d'effectif qui peut être imposée à l'entrepreneur.

Dans un but d'unification, j'ai arrêté les cahiers des charges destinés à régir la fourniture des fourrages tant dans les places ayant un effectif supérieur à 70 chevaux (catégorie A) que dans celles ayant un effectif inférieur ou égal à 70 chevaux (catégorie B), ainsi que celui qui sera applicable aux fournitures à faire à la gendarmerie.

DISPOSITIONS SPÉCIALES.

Places de la catégorie B. — Les dispositions relatives au paiement des fournitures intéressant les entrepreneurs ont été indiquées dans le cahier des charges.

Ces dispositions doivent être complétées par les suivantes qui sont plus spécialement d'ordre administratif.

Le payement à l'entrepreneur sera effectué sur les avances faites à cet effet au titre du service des fourrages (dépenses justifiées seulement dans la comptabilité en deniers). Le duplicata de l'ordre de versement délivré par le sous-intendant militaire sera considéré comme valeur en caisse, jusqu'à régularisation, par une facture, des fournitures effectuées.

Après avoir reçu le dernier bordereau, l'officier d'administration comptable établira, pour les fournitures effectuées pendant le mois, une facture (n° 336 de la nomenclature) qu'il enverra à l'entrepreneur pour être vérifiée et acquittée.

Ces factures seront inscrites, au fur et à mesure de leur renvoi au comptable, sur un relevé récapitulatif (n° 380 de la nomenclature) destiné à appuyer le compte trimestriel des frais d'exploitation du comptable.

Les bons totaux seront établis en simple expédition par l'officier d'administration comptable, qui les comprendra dans un bordereau particulier unique pour les divers entrepreneurs payés par ses soins.

Gendarmerie. — Les marchés pour chacune des brigades seront passés pour onze mois, du 1er décembre 1892 au 31 octobre 1893, par voie de concours restreint, par le conseil d'administration de la compagnie de gendarmerie de chaque département ou par les officiers qu'il déléguera à cet effet) et d'après les prix limites fixés par M. le directeur du service de l'intendance.

Ils s'appliqueront, selon les circonstances locales et au choix des compagnies de gendarmerie, soit à l'ensemble des fournitures, soit à chaque espèce de denrée.

Vu le peu d'importance des fournitures à faire, les entrepreneurs seront dispensés de fournir un cautionnement.

Pour permettre l'application de ces mesures, il sera créé dans chaque compagnie de gendarmerie une masse de fourrages qui sera administrée par le conseil d'administration, dans les conditions déterminées par le règlement que j'ai arrêté à cet effet; elle sera alimentée au moyen d'une prime journalière.

Je fixerai, pour l'année de fourniture et par compagnie, sur votre proposition, d'après la moyenne des prix des marchés passés par le conseil d'administration pour toutes les brigades externes, le montant de la prime journalière destinée à alimenter la masse de fourrages.

Détachements. — En ce qui concerne les corps de troupe ou détachements en route, il y a lieu d'opérer de la manière suivante :

a). Dans les circonscriptions où le système actuel est maintenu, les fourrages seront perçus conformément aux dispositions du cahier des charges général applicable aux arrondissements de fourniture.

b) Dans les places ayant une garnison supérieure à 70 chevaux et dont les marchés seront régis par le cahier des charges spécial à cette catégorie, ils recevront leurs rations de fourrages par les soins de l'entrepreneur.

c) Partout ailleurs, ils se procureront, par l'intermédiaire de leurs officiers d'approvisionnement, les fourrages qui leur seront nécessaires, dans les conditions de l'instruction ministérielle du 12 avril 1889.

Les petits détachements qui ne sont pas commandés par un officier et les parties prenantes voyageant isolément dans l'étendue des corps d'armée percevront les fourrages en nature au moyen de mandats d'étape.

Le remboursement de ces fournitures accidentelles sera effectué par les soins de l'officier comptable que vous désignerez.

A cet effet, le livrancier remettra au maire de sa localité une facture en double expédition des fournitures effectuées.

Le maire, après avoir certifié l'exécution du service, et déclaré que les prix portés sur la facture sont bien ceux habituels de la localité, transmettra ce document à l'officier comptable par l'intermédiaire du sous-intendant militaire.

Après l'avoir vérifié, l'officier comptable en enverra sans retard le montant au fournisseur au moyen d'un mandat sur le Trésor, par l'intermédiaire du sous-intendant et du maire.

Les prescriptions relatives à la régularisation, par le comptable des dépenses afférentes aux fournitures de fourrages dans les places d'un effectif inférieur ou égal à 70 chevaux sont applicables aux fournitures de fourrages faites aux petits détachements et aux parties prenantes voyageant isolément.

Je vous serai obligé de me soumettre, en temps utile, vos propositions pour la fixation des primes journalières de la masse des fourrages de la gendarmerie.

Il vous appartiendra, après avis de M. le directeur du service de l'intendance de votre corps d'armée, et sur les propositions des conseils d'administration des compagnies de gendarmerie, pour les brigades de gendarmerie externes, de déterminer les localités dans lesquelles devront avoir lieu les adjudications (place de garnison ou chef-lieu du département). Cette désignation devra être faite de façon à favoriser, autant que possible, la concurrence.

MM. les directeurs du service de l'intendance adresseront, le plus promptement possible, à chaque préfet et à chaque maire président de commission d'adjudication (par voie hiérarchique) et à chaque sous-intendant chargé du service des subsistances, pour être mis par eux à la disposition des personnes désirant prendre part aux adjudications, des exemplaires de l'avis au public, du cahier des charges, de la formule de marché et, de plus, un état de renseignements indiquant :

Le lieu, le jour et l'heure de l'adjudication ;

Les effectifs de chevaux adoptés pour servir de base ;

L'importance de l'approvisionnement de denrées fourragères à entretenir ou à loger dans les places de fourniture ;

Les places où des locaux et du matériel appartenant à l'Etat ou pris par lui en location, pourront être mis à la disposition de l'entrepreneur ; la composition des locaux et du matériel en question, et les conditions de leur prise en charge par l'entrepreneur (gratuitement ou à titre onéreux, obligatoirement ou facultativement);

L'importance du matériel de réserve dont l'entrepreneur devra assurer la garde, sans en faire usage ;

Les consommations annuelles.

Ils prieront, en même temps, les préfets de vouloir bien assurer aux commissions d'adjudication le concours des membres civils qui devront en faire partie, de faire insérer l'avis au public dans le *Recueil des Actes administratifs*, et d'inviter les autorités municipales à attirer l'attention de leurs administrés sur les opérations projetées. Ils devront, d'ailleurs, prescrire d'afficher l'avis au public dans toutes les places de garnison de leur circonscription administrative. Ils feront, en outre, insérer un extrait du même avis dans les principaux journaux desdites places. Les frais d'affichage et de publicité seront acquittés par les officiers d'administration comptables des fourrages dans les places les plus voisines, sur les fonds du budget ordinaire; ces frais devront être indiqués distinctement sur l'état des dépenses engagées.

MM. les directeurs du service de l'intendance m'adresseront, douze jours au moins avant la première adjudication, c'est-à-dire pour tous les arrondissements ou places de fourniture le 28 septembre au plus tard, avec les états de renseignements concernant les adjudications, leurs propositions pour la fixation des prix limites destinés à régler les opérations.

Pour les places de la catégorie B, ces propositions seront adressées seulement à titre de compte rendu.

Par application des dispositions de l'article 16 de l'instruction du 31 juillet 1889, les sous-intendants militaires, membres des commissions d'adjudication, pourront, dans le cas où la séance d'adjudication n'aurait pas donné de résultat, recevoir des offres pendant un délai de quarante-huit heures, pour traiter de gré à gré dans la limite du prix fixé, soit avec l'un des soumissionnaires, soit avec toute autre personne réunissant les conditions requises des précédents soumissionnaires.

Les sous-intendants militaires feront connaître en séance à quelle heure expirera le délai de quarante-huit heures à la suite duquel ils pourront traiter avec la personne ayant présenté les offres les plus avantageuses.

Passé ce délai, et partout où il n'aurait pas été traité par adjudication ou de gré à gré, des mesures seront immédiatement prises, sans m'en référer, pour qu'il soit procédé à de nouvelles adjudications aux dates indiquées par l'affiche. Pour ces nouvelles opérations, en dehors des mesures ordinaires de publicité, des avis seront adressés directement aux soumissionnaires admis la première fois, et, de plus, à toutes autres personnes qui seraient jugées aptes à exécuter convenablement le service. Dans le cas de réadjudication, il sera procédé comme pour les premières opérations, tant pour le mode de fixation des prix-limites, que pour l'acceptation, pendant quarante-huit heures, des offres de gré à gré à la suite d'un nouvel insuccès en séance d'adjudication. Les propositions pour la fixation des nouveaux prix-limites me seront adressées aussitôt que possible.

Le jour même de la séance préparatoire et de la séance d'adjudication ou du concours des quarante-huit heures, le sous-intendant militaire faisant partie d'une commission devra m'adresser directement une copie du procès-verbal de chaque séance.

La voie télégraphique ne sera employée qu'en cas de nécessité reconnue.

En cas de non-réussite des opérations dans les places ou forts dont l'effectif est inférieur à six chevaux, des dispositions seront prises, sans m'en référer, pour assurer le service par des achats directs, qui seront remboursés par l'officier comptable de la place principale, dans les conditions déterminées pour les parties prenantes isolées. Il me sera toutefois rendu compte.

En cas d'échec définitif dans les autres places, des propositions me seraient adressées d'urgence en vue de l'organisation du service.

Indépendamment des documents énumérés ci-dessus, MM. les directeurs du service de l'intendance auront encore à m'adresser :

Quinze jours après les opérations d'adjudication ou de réadjudication, un compte rendu d'ensemble des résultats obtenus. Ce dernier envoi sera accompagné d'un état des marchés, établi sur la formule n° 317 de la nomenclature et portant la transcription intégrale des marchés intervenus. Cet état devra indiquer le montant du cautionnement à constituer, en tenant compte du renvoi 2 de l'article 13 du cahier des charges général.

Ils joindront, en outre, au compte rendu d'ensemble, toutes les observations générales ou particulières que les opérations leur auraient suggérées, à eux ou aux sous-intendants militaires ayant fait partie des commissions d'adjudication.

Par extension des dispositions de l'article 17 du décret du 18 novembre 1882, j'accorde aux directeurs du service de l'intendance l'autorisation d'approuver les marchés en mon nom. Mention spéciale en sera faite sur le marché. Mon approbation ne sera réservée que dans les cas prévus à l'article 12 de l'instruction du 31 juillet 1889 : 1° s'il y a eu réclamation ou protestation ; 2° s'il ne s'est présenté qu'un seul soumissionnaire.

Vous recevrez très prochainement des exemplaires, en nombre suffisant, des cahiers des charges et des autres documents nécessaires aux opérations d'adjudication.

Je vous prie de m'en accuser réception.

Signé : C. DE FREYCINET.

CAHIER DES CHARGES

DU 12 SEPTEMBRE 1892

POUR LA

FOURNITURE DES FOURRAGES

DANS LES

BRIGADES DE GENDARMERIE

STATIONNÉES DANS LES LOCALITÉS AUTRES QUE LES PLACES DE GARNISON.

Conditions générales.

Art. 1er. Le service consiste :

1° A fournir au fur et à mesure des besoins par espèce de denrée ou pour l'ensemble des denrées, les fourrages nécessaires à l'alimentation des chevaux de la brigade de gendarmerie indiquée au marché, quel qu'en soit l'effectif.

2° A fournir, sur la demande spéciale du conseil d'administration de la compagnie de gendarmerie dont dépend cette brigade, la paille de litière et les fourrages verts quand le marché s'applique à l'ensemble des denrées.

Le marché est passé pour la période du 1er décembre 1892 au 31 octobre 1893, avec faculté, mais seulement pour le conseil d'administration de la compagnie de gendarmerie, de le proroger en une ou plusieurs fois, pendant une période de temps qui ne peut excéder un mois au total, et à condition de prévenir l'entrepreneur quinze jours au moins à l'avance, lors de chaque prorogation.

Les obligations générales de l'entrepreneur comprennent :

1° La fourniture de la ou des denrées prévues à son marché ;

2° La formation et l'entretien de l'approvisionnement spécifié à l'article 3.

Conditions spéciales.

Art. 2. Le conseil d'administration se réserve le droit, pendant toute la durée du marché :

1° De modifier la composition de la ration des fourrages telle qu'elle est déterminée par les tarifs en vigueur au jour du marché ;

2° D'ordonner la distribution d'allocations supplémentaires ;

3° De prescrire les substitutions que rendent nécessaires la pénurie des denrées, la santé des chevaux ou toute autre circonstance, dans les proportions réglementaires.

Toutefois, lorsque la fourniture est effectuée par espèce de denrée, l'entrepreneur n'a pas à assurer le service des substitutions.

Approvisionnement.

Art. 3. A son entrée en service, l'entrepreneur est tenu de prendre en charge, en ce qui concerne la ou les denrées prévues à son marché, l'approvisionnement laissé par l'entrepreneur sortant dans les conditions indiquées à l'annexe n° 1, en ce qui concerne l'état et le mode de livraison des denrées.

L'importance de cet approvisionnement est fixée ainsi qu'il suit et calculée sur le complet des chevaux et sur le taux réglementaire de la ration (2 k. 50 de foin, 3 k. 50 de paille, 5 k. d'avoine):

Trente jours pour le foin ;

Trente jours pour la paille :

Soixante jours pour l'avoine s'il n'a pas été constitué d'approvisionnements spéciaux pour les chevaux de réquisition, et de trente jours dans le cas contraire.

En fin de marché, cet approvisionnement est remis par les entrepreneurs sortants aux entrepreneurs entrants.

La valeur de l'approvisionnement remis aux entrepreneurs entrants est retenue sur les premières factures et leur est payée à leur sortie sur une facture spéciale aux prix de leur marché.

Livraisons.

Art. 4. L'entrepreneur est informé, en temps utile, par le conseil d'administration, de l'effectif des chevaux à nourrir. Il donne récépissé des notifications qui lui sont faites à ce sujet.

Les livraisons sont toujours faites au pied du magasin du quartier de chaque brigade, une ou deux fois au plus par mois. Si la capacité des locaux le permet, l'entrepreneur peut être astreint ou autorisé à faire des livraisons pour une période plus longue et même pour un trimestre au maximum. De toute façon, les existarts, aux époques des livraisons périodiques et lors de la remise du service, doivent toujours représenter les quantités fixées pour l'approvisionnement par l'article 3.

Les denrées fourragères peuvent être livrées non rationnées, c'est-à-dire en bottes du poids admis par les usages locaux ou d'un poids uniforme quelconque sans qu'il soit nécessaire de les manutentionner à un poids correspondant à la ration journalière; en aucun cas les fourrages ne peuvent être livrés en vrac.

Les trois denrées peuvent ne pas être livrées simultanément; mais la fourniture doit toujours être complétée dans un délai de trois jours. La vérification du poids s'opère au moyen de balances à plateaux et à bras égaux et de poids satisfaisant aux prescriptions légales. L'emploi des balances bascules romaines, à double leviers, avec curseurs, peut être autorisé.

Denrées présentées en livraison.

Art. 5. Les denrées présentées en livraison sont soumises à une visite ou reconnaissance préalable de la partie prenante.

Elles doivent remplir les conditions exigées à l'annexe n° 1.

Les avoines exotiques sont exclues des fournitures de l'armée sauf dans le gouvernement de Paris, le 15° et le 18° corps

En cas de contestation sur la qualité des denrées présentées en livraison ou de celles formant l'approvisionnement, l'examen desdites denrées n'a pas lieu sur place. Il est effectué par une commission constituée au chef-lieu du département. A cet effet, des échantillons sont prélevés sur lesdites denrées par le maire, suppléant du sous-intendant militaire en présence du commandant de la brigade et de l'entrepreneur et envoyés au conseil d'administration de la compagnie de gendarmerie, dans un récipient placé sous scellé. Les frais de transport des échantillons comme les frais d'expertise, s'il y a lieu, sont à la charge de la partie condamnée.

. Cette commission est composée du conseil d'administration de la compagnie, du vétérinaire chargé de donner des soins aux chevaux de la portion centrale et de deux notables idoines choisis, l'un par le conseil d'administration, l'autre par l'entrepreneur.

Elle est convoquée par le président du conseil d'administration.

Cette commission a pour objet de prononcer sur l'acceptation ou le refus des denrées.

En cas de refus, elle prescrit, s'il y a lieu, les manutentions à faire subir aux denrées pour les rendre acceptables.

Elle prononce le rejet définitif des denrées, leur expulsion des magasins et leur destruction complète dans le cas où ces denrées auraient été reconnues nuisibles à la santé des chevaux.

La commission prononce à la majorité des voix; en cas de partage, la voix du président est prépondérante. Il est passé outre à l'absence d'un ou deux membres, pourvu qu'ils aient été régulièrement convoqués.

Les décisions de la commission sont constatées par un procès-verbal, signé par tous les membres.

Les denrées refusées sont remplacées immédiatement par l'entrepreneur, et, à son défaut, le remplacement en est fait à ses risques et périls à la diligence du conseil d'administration ·de la compagnie de gendarmerie.

En attendant la décision de la commission et si la situation des approvisionnements de la brigade l'exige, le service est assuré par l'entrepreneur ou, à son défaut et à ses risques et périls, à la diligence du maire, suppléant du sous-intendant militaire.

En cas d'urgence, et s'il y a impossibilité de remplacer immédiatement les denrées, le commandant de la brigade peut ordonner qu'il soit donné suite à la distribution.

Entretien de l'approvisionnement.

Art. 6. L'entrepreneur entretient constamment dans la brigade un approvisionnement constitué comme il est dit à l'article 3.

Le renouvellement de l'approvisionnement est assuré en temps opportun par les soins de l'entrepreneur, de manière que les denrées soient toujours en bon état de conservation.

Pénalités à infliger à l'entrepreneur.

Art. 7. Lorsque l'entrepreneur n'est pas en mesure de livrer à l'heure et dans les conditions voulues les quantités de denrées qui ont été demandées, ou celles qu'il doit fournir en remplacement de celles rejetées définitivement, soit de ses livraisons, soit de l'approvisionnement par suite d'un manque d'entretien, le conseil d'administration de la compagnie de gendarmerie est libre de faire pourvoir à la fourniture desdites quantités, de la manière qu'il juge convenable, et aux risques et périls de l'entrepreneur en défaut.

Indépendamment de l'excédent éventuel de dépenses résultant de l'achat fait par défaut, l'entrepreneur subit alors, sur ses factures, une imputation égale à 5 p. 100 de la valeur des fournitures non assurées en temps utile.

En cas de récidive, le taux de l'imputation est élevé à 6 p. 100, pour la première récidive, à 8 p. 100 pour la seconde et à 10 p. 100 pour la troisième.

A la suite de la quatrième récidive, il fait application des dispositions de l'article 15 ci-après, relatives à la résiliation du marché ou à la passation d'un marché par défaut.

Lorsque les denrées, quoique non nuisibles, ont été refusées pour défaut de qualité et que, faute de ressources locales, la partie prenante est néanmoins obligée de les accepter, l'entrepreneur est tenu de verser, à titre de compensation, à la masse des fourrages de la compagnie, par retenue sur sa facture, la valeur d'un supplément de 15 p. 100 sur les quantités reçues dans ces conditions.

Les imputations fixées par le présent article sont portées au débit de la première facture à établir après la notification à l'entrepreneur de la pénalité encourue.

Charges accessoires de l'entreprise.

Art. 8. Sont à la charge de l'entrepreneur tous frais quelconques nécessités par l'exécution matérielle du service, ainsi que les frais de timbre et d'enregistrement.

Accroissement ou réduction de l'effectif. — Cessation de service. — Indemnité de 10 p. 00 en sus du prix du marché.

Art. 9. L'entrepreneur ne peut prétendre à une indemnité en cas d'accroissement ou de réduction de l'effectif des chevaux de la brigade au cours de son marché.

Au cas de suppression de la brigade, l'approvisionnement entretenu lui est remis avec une indemnité de 10 p. 100.

Une indemnité égale à 10 p. 100 des prix du marché est également allouée à l'entrepreneur pour les denrées distribuées et réintégrées dans ses magasins par suite de la mobilisation de la brigade qui les avait perçues, quand ces denrées ne pourront être distribuées de nouveau dans la place, faute de parties prenantes.

Paiement des fournitures. — Cas de saisie-arrêt ou opposition.

Art. 10. Le paiement des fournitures a lieu mensuellement, sur la production d'une facture.

Le paiement est fait par le trésorier de la compagnie de gendarmerie. Le montant des factures peut être remis aux fournisseurs par l'intermédiaire des commandants de brigade.

En cas de saisie-arrêt ou opposition sur les sommes dues à l'entrepreneur, le conseil d'administration est libéré vis-à-vis de celui-ci au moyen du versement desdites sommes à la Caisse des dépôts et consignations.

Décompte de la valeur des denrées.

Art. 11. Les fournitures sont décomptées aux prix du marché.

L'avoine de substitution est toujours payée au prix stipulé au marché pour la denrée distribuée effectivement.

La luzerne et le sainfoin distribués en remplacement du foin, les pailles de seigle ou d'avoine distribuées en remplacement de paille de froment, sont payés au prix spécial déterminé au marché pour chaque espèce de denrée.

Pour les fourrages verts, la farine d'orge, le son, les carottes et les panais, les prix sont calculés d'après les prix des denrées en remplacement desquelles la distribution a été faite et selon les proportions indiquées au tableau qui fait suite au tarif des ra ions.

Lorsque le marché n'aura stipulé aucun prix spécial pour les pailles de seigle et d'avoine, le prix en sera débattu et arrêté d'un commun accord avec l'entrepreneur, en se basant sur la différence existant entre le cours de la denrée dont le prix sera prévu au marché et le cours de la denrée de substitution. Si l'entente ne peut s'établir pour la fixation du prix, le conseil d'administration de la compagnie de gendarmerie a le droit de faire acheter directement les quantités nécessaires pour les substitutions.

Décompte de la valeur des denrées formant l'approvisionnement.

Art. 12. Le prix applicable aux denrées reprises par l'entrepreneur à son entrée en service, et de celles qu'il laisse en magasin en fin de marché, est, par quintal métrique, le prix stipulé à son marché.

Remise du service. — Cas de prorogation.

Art. 13. L'entrepreneur laisse en magasin, à l'expiration de la période normale de son marché, l'approvisionnement prévu à l'article 5.

En cas de prorogation du marché, l'entrepreneur assure le service au moyen des denrées prélevées sur l'approvisionnement.

Modifications survenues aux droits d'octroi.

Art. 14. Si postérieurement à l'adjudication, des modifications sont apportées aux droits d'octroi, l'entrepreneur est, suivant le cas, crédité ou débité des différences payées par lui en plus ou en moins. A cet effet, il produit à l'appui de chaque facture les récépissés des droits acquittés.

Cas de résiliation ou de passation de marché par défaut.

Art. 15. Le conseil d'administration peut prononcer la résiliation du marché ou passer un marché par défaut, total ou partiel, temporaire ou définitif, aux risques et périls de l'entrepreneur, dans les circonstances énumérées ci-après.

1° Si, par suite de négligence habituelle de l'entrepreneur, les distributions ne sont pas assurées avec la régularité désirable ;

2° Si le service est exécuté avec un esprit de fraude qui se manifeste par des mélanges de mauvaises denrées avec des produits de bonne qualité ;

3° Si, mis en demeure de combler un manquant à l'approvisionnement, l'entrepreneur ne l'a pas remplacé dans le délai fixé.

Mode de résiliation ou de passsation de marché par défaut.

Art. 16. Dans les cas prévus à l'article précédent, le conseil d'administration de la compagnie de gendarmerie peut, après une mise en demeure préalable, dans la forme administrative, ou s'il s'agit de faits délictueux ou de manœuvres coupables, après une enquête contradictoire, soit prononcer la résiliation du marché, soit pourvoir, en totalité ou en partie, à l'exécution du service au moyen de marchés par défaut, sans que l'entrepreneur puisse prétendre à aucune indemnité.

Dans le cas de résiliation ou de marché par défaut l'entrepreneur supporte toutes les imputations pour retard ou autres causes prévues par le cahier des charges jusqu'au jour exclu de la résiliation.

Dans le cas de marché par défaut, si la dépense pour la masse des fourrages est supérieure à celle qui serait résultée de la continuation du marché, l'entrepreneur supporte l'imputation de l'excédent de dépense. Si la dépense est moindre, la bonification profite à cette masse.

Outre les diverses pénalités énumérées au présent article, l'entrepreneur en défaut peut, s'il y a lieu, être l'objet de poursuites judiciaires.

Cas de liquidation judiciaire, de faillite ou de décès de l'entrepreneur.

Art. 17. Si l'entrepreneur cesse ses paiements et est admis au bénéfice de la liquidation judiciaire, telle qu'elle est réglée par la loi du 4 mars·1889, le conseil d'administration de la compagnie de gendarmerie aura la faculté de résiler le marché sans mise en demeure et sans aucune indemnité pour l'entrepreneur, même dans le cas où ce dernier serait autorisé par le tribunal à continuer l'exploitation de son commerce ou de son industrie.

En cas de faillite ou de mort de l'entrepreneur, les créanciers ou les héritiers sont d'abord tenus d'assurer, pour leur propre compte, l'exécution du marché ; faute par eux de le faire, il est procédé, par le conseil d'administration de la compagnie de gendarmerie, comme il est dit à l'article 15.

S'ils entendent se dégager de toute obligation, ils notifient au conseil d'administration de la compagnie de gendarmerie le jugement déclaratif de faillite ou l'acte de décès, et le marché se trouve résilié de plein droit deux mois après cette notification.

Le conseil d'administration de la compagnie de gendarmerie se réserve d'ailleurs le droit de résilier le marché, dès que le fait de la faillite ou du décès lui est officiellemont connu, indépendamment de toute demande ou notification de la part des créanciers ou héritiers.

Interdiction de cession du marché. — Juridiction administrative.

Art. 18. L'entrepreneur ne peut céder son marché à un tiers sans autorisation du conseil d'administration de la compagnie de gendarmerie.

Les contestations qui peuvent s'élever, soit pour l'interprétation des clauses et conditions du cahier des charges et du marché, soit pour l'exécution du service et de tout ce qui s'y rattache, sont décidées administrativement.

Annexes obligatoires comme le texte du cahier des charges.

Art. 19. Les annexes du présent cahier des charges en font partie intégrante et sont strictement obligatoires pour les parties, ainsi que les articles 138 et 139 du règlement du 10 juillet 1889 sur le service intérieur de la gendarmerie.

Paris, le 12 septembre 1892.

Le Ministre de la guerre,
Signé : C. DE FREYCINET.

ANNEXES.

ANNEXE N° 1.

Nature et qualité des denrées à fournir.

Les denrées dont se compose la *ration ordinaire* de fourrages sont :
Le foin ;
La paille de froment ;
L'avoine.

Les *denrées de substitution* sont :

La luzerne et le sainfoin, première coupe (la deuxième coupe peut être admise lorsqu'elle est suffisamment nutritive) ;
Les pailles de seigle, d'avoine et d'orge ;
L'orge ;
Le son, la farine d'orge ;
Les fourrages verts dans la saison de la mise au vert, et à l'arrière-saison si ce régime est reconnu nécessaire ;
Les carottes, les panais.

La substitution d'une denrée à l'autre n'est facultative que pour la compagnie de gendarmerie.

Les substitutions se renferment dans les limites maxima ci-après :

Luzerne ou sainfoin en remplacement de foin, la moitié de la ration normale ;
Paille de seigle, d'avoine ou d'orge, en remplacement de paille de froment, deux cinquièmes de la ration normale.
La distribution des fourrages verts, du son et de la farine d'orge ; les substitutions de l'orge à l'avoine et réciproquement ; du foin à la paille et réciproquement ; du foin à l'avoine et réciproquement ; de la paille à l'avoine et réciproquement, peuvent être prescrites dans une mesure dont le conseil d'administration est seul juge.

Carottes et panais. — La substitution n'est prescrite que dans les localités où les ressources sont jugées suffisantes, et dans la limite restreinte indiquée par la note ministérielle du 2 décembre 1874.
En dehors des substitutions *ordonnées*, l'entrepreneur ne peut en faire aucune autre sans y être formellement autorisé, et sous la condition expresse que le surcroît de dépenses qui en résulte demeure à sa charge.
Les denrées doivent entrer en magasin telles qu'elles ont été récoltées. La seule préparation à donner par l'entrepreneur aux denrées à mettre en distribution est celle qui est indispensable pour l'extraction de la poussière et des herbes, plantes, graines non nutritives ou malfaisantes.
Pour le rationnement des fourrages artificiels, l'entrepreneur adopte le mode le plus convenable pour que les feuilles et fleurs du sainfoin et de la luzerne ne se séparent pas des tiges ou ne soient pas perdues. Il se conforme, à ce sujet, aux ordres qui lui sont donnés par le conseil d'administration.
Les conditions auxquelles doivent satisfaire les denrées à fournir par l'entrepreneur sont les suivantes :

1º *Foins, fourrages artificiels, fourrages verts.*

Le foin et les fourrages artificiels doivent être toujours de bonne qualité, suffisamment ressués, en parfait état de conservation, exempts d'humidité et d'altération quelconque, et propres à donner aux chevaux une nourriture saine et substantielle. Il ne peut être exigé rien de plus que la meilleure qualité des denrées obtenues dans un rayon de 150 kilomètres de la place de livraison. Toutefois, ce rayon peut s'étendre jusqu'aux centres de production par lesquels les fourrages sont ordinairement fournis.

Tout mélange intentionnel, soit de qualités, soit de provenances différentes, est défendu formellement, pour le foin de prés comme pour les fourrages artificiels. En un mot, la denrée est livrée telle qu'on l'a récoltée ; mais, dans cet état, elle doit être dégagée de poussière, de graines de foin, d'herbes non nutritives (laîches, roseaux, joncs, etc.), autant que peuvent l'être les produits des prairies bien cultivées et bien entretenues du rayon d'approvisionnement.

Les bottes de foin au-dessous de 6 kilogrammes ne peuvent avoir plus de deux liens et celles de 6 kilogrammes et au-dessus plus de trois.

Si les liens sont de même nature et de même qualité que la denrée distribuée, ils entrent dans le poids de la ration. Si les liens sont en paille de froment ou de seigle, le poids de chacun, qui ne doit pas excéder 125 grammes, entre pour moitié de son poids dans la ration.

Les liens de denrées, impropres au service, sont défalqués en totalité.

Les fourrages verts réunissent les conditions indiquées à l'annexe nº 2.

2º *Paille de froment, de seigle, d'avoine et d'orge.*

La paille doit être, autant que possible, garnie de ses épis, en parfait état de conservation, exempte d'humidité et d'altération quelconque, propre à donner aux chevaux une bonne nourriture, ou à faire, comme paille de couchage ou comme litière, un service de tous points satisfaisant.

Il ne peut être exigé rien de plus que la meilleure qualité obtenue dans un rayon de 150 kilomètres de la place de livraison. Toutefois, ce rayon peut s'étendre jusqu'aux centres de production par lesquels la paille est ordinairement fournie.

Si les bottes de paille de froment ne sont pas liées avec la même paille ou avec de la paille de seigle, il est fait déduction du poids des liens.

3º *Avoine.*

L'avoine doit être de bonne qualité, pesante, bien sèche et couler facilement entre les doigts ; son écorce doit être mince, brillante et lustrée sans rides ; son amande, serrée, blanche et laissant, quand on l'écrase dans la bouche, une saveur agréable et farineuse ; versée d'une certaine hauteur sur une surface dure, elle doit rendre un bruit sec.

L'avoine doit être exempte de mauvaise odeur, d'avarie ou d'altération quelconque ; au moment de sa livraison ou de son entrée en magasin, elle doit être homogène, c'est-à-dire dans les conditions où elle a été récoltée en ce qui concerne l'essence, la provenance et l'année de récolte. Elle ne doit pas être mélangée de graines étrangères à sa production ; en un mot, elle doit être propre de tous points à faire un excellent service. Elle est refusée lorsque, sans être avariée, elle conserve une odeur de grenier ou de bateau.

L'avoine formant les approvisionnements doit être dans son état naturel et ne pas donner, avant criblage, un déchet supérieur à celui qui est fixé par le directeur du service de l'intendance.

Parmi les graines récoltées avec l'avoine, on doit distinguer celles qui sont propres à l'alimentation et celles qui sont nuisibles ou seulement inertes.

Les premières sont le froment, l'orge, le seigle, l'épeautre, le maïs, le sarrasin, la vesce, les pois, les féveroles.

Les secondes, destinées à disparaître en partie dans le criblage, sont les graines de sauve, de coquelicot, de jacée, de bluet, de nielle, de liseron, de trèfle.

Les proportions tolérées des unes et des autres, après criblage, sont fixées par le directeur du service de l'intendance.

Mesurée à la trémie conique, l'avoine doit, avant nettoyage opéré ainsi qu'il est dit ci-dessus, peser au moins par hectolitre (poids naturel) le nombre de kilogrammes déterminé par le directeur du service de l'intendance.

L'avoine doit être livrée au poids naturel ; il s'ensuit que l'entrepreneur ne peut suppléer à ce poids par une bonification.

Indépendamment des conditions ci-dessus exigées, l'avoine ne peut être mise en distribution que dégagée de pierres, de terre, de poussière, de graines non nutritives ou malfaisantes et qu'après avoir été parfaitement nettoyée et criblée.

4° *Farine d'orge.*

La farine d'orge doit être fraîche, d'un blanc jaunâtre, grossièrement moulue, d'une odeur douce.

5° *Son.*

Le son doit provenir de la mouture du froment ; il doit être frais, inodore, d'une saveur douce. Il est d'autant meilleur qu'il contient plus de farine.

ANNEXE N° 2.

Fourniture à la ration des fourrages verts.

1. Le service consiste dans la fourniture des fourrages verts, soit à l'écurie, à la ration entière ou au quart de ration, soit à la soûlée dans la prairie, aux chevaux et mulets désignés pour être mis à ce régime.

Pour la régularisation des perceptions, au quart de la ration du vert, les corps établiront, par période de quatre jours et pour le nombre de chevaux au régime, deux bons distincts : l'un comprenant un jour de vert à la ration entière, mais livrable journellement par quart; l'autre comprenant trois jours à composition habituelle.

2. Les fourrages verts à fournir dans toutes les positions se composent de sainfoin, luzerne, trèfle, et de tous autres produits de prairies naturelles ou artificielles, selon la culture locale, remplissant les qualités requises pour que le régime du vert donne un résultat salutaire.

Le conseil d'administration agrée préalablement les prairies affectées au service. Ces prairies, lorsqu'elles sont affectées aux chevaux isolés, devront être choisies, *autant que possible,* dans un rayon de 4 kilomètres de la place. Si les fourrages verts sort distribués à l'écurie, l'entrepreneur les livre en trousses et non rationnés. sans autre préparation que celle qui est indispensable pour en extraire, avant l'enlèvement de la prairie, les corps étrangers et les herbes nuisibles à la santé des chevaux; dans ce cas aussi, le fourrage doit toujours être fraîchement coupé. Toute livraison ayant subi un commencement de dessiccation est refusée.

3° La mise au vert est ordonnée par le général commandant le corps d'armée, sur la proposition du directeur du service de l'intendance, et commence aussitôt que la saison et l'état des prairies le permettent; elle se prolonge au gré de l'administration, pendant tout le temps que ce régime est reconnu favorable.

Si, à l'arrière-saison, des chevaux ont encore besoin de prendre le vert, l'entrepreneur le fournit aux prix, clauses et conditions de son marché, sur l'avis qui lui en est donné huit jours à l'avance.

4° Les livraisons à l'écurie ont lieu jour par jour et non autrement, aux heures qui sont fixées par le conseil d'administration.

La fourniture du vert comprend toutes les dépenses accessoires, savoir :

Vert distribué au quartier :

1° La valeur de 2 kilogrammes 50 décagrammes de paille fraîche pour litière par cheval et par jour;

2° Tous les frais d'apport des denrées; tous droits de pesage, d'octroi et autres.

Vert dans la prairie, à la soûlée ou à l'écurie, chez le titulaire du marché :

1° La valeur de 2 kilogrammes 50 décagrammes de paille fraîche pour litière, par cheval et par jour, si les chevaux rentrent à l'écurie pendant la nuit;

2° La jouissance d'un puits ou d'une fontaine, avec les auges et baquets nécessaires pour abreuver les chevaux;

3° Les frais de piquets, cordes, clôtures et tous autres.

ANNEXE N° 3.

TARIF DU 12 OCTOBRE 1887.

Pied de paix.

Tarif des rations de fourrages.

Foin.. 2 50
Paille.. 3 50
Avoine .... 5 »

Chevaux au vert (1).

Fourrages verts.. 45 »
Paille.. 2 50
Avoine.. 2 50

---

(1) Ces allocations sont exclusives de toutes autres, la paille est fournie gratuitement par l'entrepreneur.

SUBSTITUTIONS.

BASES D'APRÈS LESQUELLES S'OPÈRENT LES SUBSTITUTIONS.

§ 1er. — *Denrées normales.*

FOIN.

Sainfoin	Poids pour poids.
Luzerne (première coupe et regain)...............	Poids pour poids.
Paille..	Double du poids.
Avoine..	Moitié du poids.
Carottes et panais....................................	Trois fois le poids.

PAILLE DE FROMENT.

Paille .... {de seigle.. / d'avoine.. / d'orge.....}	Poids pour poids.
Foin et fourrages artificiels	Moitié du poids.
Avoine..	Quart du poids.

AVOINE.

Foin et fourrages artificiels....................	Double du poids.
Paille (froment, seigle, avoine ou orge)	Quatre fois le poids.
Orge (dans la proportion autorisée)...........	Poids pour poids.
Son....................................	Moitié en sus.
Farine d'orge	8/10 du poids.
Maïs concassé	2/5 en sus.

FOURRAGES ARTIFICIELS. Le sainfoin et la luzerne peuvent être distribués en remplacement de foin jusqu'à concurrence de la moitié de la ration réelle.

PAILLES DE SEIGLE, D'AVOINE et D'ORGE. Ces pailles peuvent être données en remplacement de la paille de froment jusqu'à concurrence des 2/5 de la ration réelle.

ORGE A L'INTÉRIEUR. L'orge n'est substituée à l'avoine que par exception et sans dépasser, pour les chevaux de race française, le quart de la ration.

CAROTTES. Lorsqu'on peut se procurer cette racine en quantité suffisante dans le rayon d'approvisionnement, sans imposer de trop lourds sacrifices au Trésor, la carotte est substituée au foin dans la limite et sous les réserves indiquées par la note ministérielle du 2 décembre 1874. (*Journal militaire officiel*, partie réglementaire, 2º semestre, page 730.)

Ces diverses indications, concernant la proportion dans laquelle peuvent s'opérer les substitutions d'une denrée à l'autre n'ont rien d'absolu.

Des décisions ministérielles spéciales peuvent les modifier selon les circonstances exceptionnelles dont il y a lieu de tenir compte.

Toutefois, aucune substitution occasionnant un excédent de dépense pour l'Etat ne pourra être effectuée sans autorisation préalable du Ministre.

FOURRAGES VERTS. 40 kilog. de fourrages verts à l'écurie représentent 12 kilog. de foin. Une journée de cheval à la prairie équivaut à une quantité de fourrages verts correspondant au taux de la ration déterminée pour chaque arme.

§ 2. — *Denrées similaires.*

Les denrées mentionnées ci-après ne peuvent pas remplacer, d'une manière absolue, celles qui entrent dans la composition normale des rations; mais il convient de prévoir le cas où l'on est dans la nécessité de les faire distribuer, vu l'insuffisance ou le manque absolu des denrées habituelles. Sous cette réserve, la commission d'hygiène hippique recommande :

1° Comme pouvant remplacer l'avoine, les grains suivants : l'orge, le seigle, le blé, le maïs, le sarrazin, les vesces, les féveroles ; quoique la valeur nutritive de ces grains ne soit pas tout à fait la même, ils peuvent se substituer à l'avoine, poids pour poids, et entrer pour 1/4 dans la ration. Les vesces, constituant un grain dangereux, ne devront être données que très exceptionnellement, en petite quantité, 1/4 ou 1/5, et pendant quelques jours seulement;

2° Comme pouvant être substitués au foin : le trèfle, la spergule, les vesces, le millet, le trèfle incarnat. La valeur nutritive de ces divers fourrages étant à peu près la même et assez rapprochée de celle du foin, ils pourraient se substituer à cette denrée également poids pour poids dans la proportion du tiers.

La commission signale encore, parmi les denrées agricoles susceptibles d'être employées dans l'alimentation, les gerbes non battues et les carottes.

Les gerbes de céréales (blé, seigle, orge, avoine), dans la proportion de 12 à 15 kilog. selon l'arme, équivalent à une ration complète d'hiver.

Les carottes peuvent être admises d'après les bases suivantes : 6 kilog. de carottes pour 1 kilog. d'avoine: 3 kilog. de carottes pour 1 kilog. de foin; 2 kilog. de carottes pour 1 kilog. de paille. Toutefois, cette dernière substitution ne devra pas dépasser 3 kilog. de la denrée fourragère par cheval et par jour.

Paris et Limoges. — Imprimerie militaire Henri CHARLES-LAVAUZELLE.

PARIS ET LIMOGES. — IMP. MILITAIRE HENRI CHARLES-LAVAUZELLE.

www.ingramcontent.com/pod-product-compliance
Lightning Source LLC
Chambersburg PA
CBHW051353060726

47596CB00005B/1903